Zu diesem Heft wird das miniLÜK®-Kontrollgerät benötigt.

So wird es gemacht:

Öffne das miniLÜK®-Kontrollgerät und lege die Plättchen in den unbedruckten Deckel. Jetzt kannst du auf den Plättchen und auf dem Geräteboden die Zahlen 1 bis 12 sehen.

Beispiel: Seite 2 „Addition mit 1, 2 oder 3“ Hier siehst du 12 Rechenaufgaben. Vor jeder Aufgabe steht eine Zahl von 1 bis 12. Diese **roten Zahlen** entsprechen den **Zahlen auf den Plättchen.**

Nimm das Plättchen 1 und sieh dir die erste Aufgabe im Heft an: 11 + 3 = ...!

Rechne nun die Aufgabe! Das Ergebnis ist 14. Rechts neben den Aufgaben ist die Lösungsspalte. Suche im linken Teil der Lösungsspalte die Zahl 14! Neben 14 siehst du die Zahl 11.

Lege deshalb das Plättchen 1 auf das Feld 11 des Gerätebodens und zwar mit der Zahl nach oben.

So arbeitest du weiter, bis alle 12 Plättchen im Geräteboden liegen. Wenn du fertig bist, schließe das Gerät und drehe es um!

Öffne es von der Rückseite und drehe das Kontrollgerät nach links. Wenn du das unter den Lösungen abgebildete Muster siehst, hast du alle Aufgaben richtig gelöst.

Passen einige Plättchen nicht in das Muster, dann hast du dort Fehler gemacht. Drehe diese Plättchen da, wo sie liegen, um, schließe das Gerät, drehe es um und öffne es wieder.

Jetzt kannst du sehen, welche Aufgaben du falsch gelöst hast. Nimm diese Plättchen heraus und suche die richtigen Ergebnisse. Kontrolliere dann noch einmal.

Stimmt jetzt das Muster?

Das System ist für alle Übungen gleich: Die roten Aufgabennummern im Heft entsprechen immer den miniLÜK-Plättchen aus dem Kontrollgerät. Die Zahlen hinter den Lösungen sagen dir, auf welche Felder des Kontrollgerätes du die Plättchen legen musst.

Und nun viel Spaß!

Addition mit 1, 2 oder 3

	Aufgabe		Ergebnis	Code
1	11 + 3 = ◯		9	1
2	8 + 2 = ◯		10	7
3	10 + 2 = ◯		11	2
4	15 + 3 = ◯		12	10
5	14 + 2 = ◯		13	6
6	17 + 3 = ◯		14	11
7	12 + 1 = ◯		15	9
8	6 + 3 = ◯		16	4
9	13 + 2 = ◯		17	3
10	16 + 3 = ◯		18	12
11	15 + 2 = ◯		19	5
12	10 + 1 = ◯		20	8

	Aufgabe		Ergebnis	Code
1	◯ = 6 + 2		7	1
2	◯ = 14 + 1		8	9
3	◯ = 11 + 1		9	8
4	◯ = 12 + 2		10	7
5	◯ = 7 + 2		11	6
6	◯ = 10 + 1		12	2
7	◯ = 16 + 2		13	3
8	◯ = 13 + 3		14	10
9	◯ = 4 + 3		15	5
10	◯ = 11 + 2		16	11
11	◯ = 7 + 3		17	12
12	◯ = 14 + 3		18	4

Subtraktion mit 1, 2 oder 3

Nr.	Aufgabe		Zahl	Feld
1	☐ = 8 − 2		3	11
2	☐ = 14 − 3		4	10
3	☐ = 10 − 1		5	4
4	☐ = 7 − 2		6	3
5	☐ = 14 − 2		7	2
6	☐ = 17 − 3		8	7
7	☐ = 6 − 2		9	6
8	☐ = 9 − 1		10	5
9	☐ = 5 − 2		11	1
10	☐ = 16 − 3		12	12
11	☐ = 12 − 2		13	9
12	☐ = 10 − 3		14	8

Nr.	Aufgabe		Zahl	Feld
1	13 − 2 = ☐		4	10
2	14 − 1 = ☐		5	12
3	9 − 2 = ☐		6	5
4	17 − 2 = ☐		7	3
5	15 − 3 = ☐		8	11
6	9 − 3 = ☐		9	7
7	10 − 1 = ☐		10	8
8	8 − 3 = ☐		11	2
9	16 − 2 = ☐		12	9
10	13 − 3 = ☐		13	6
11	7 − 3 = ☐		14	4
12	10 − 2 = ☐		15	1

Zur Festigung

1. ◯ = 16 + 2
2. □ = 9 − 3
3. ◯ = 15 + 1
4. □ = 10 − 1
5. ◯ = 16 + 3
6. □ = 10 − 2
7. ◯ = 12 + 3
8. □ = 6 − 2
9. ◯ = 15 + 2
10. □ = 10 − 3
11. ◯ = 11 + 3
12. □ = 7 − 2

4	4
5	3
6	10
7	5
8	9
9	6
14	7
15	12
16	8
17	1
18	11
19	2

1. 4 + 2 = ◯
2. 19 − 3 = □
3. 5 + 3 = ◯
4. 16 − 2 = □
5. 2 + 3 = ◯
6. 18 − 1 = □
7. 5 + 2 = ◯
8. 19 − 1 = □
9. 0 + 3 = ◯
10. 17 − 2 = □
11. 2 + 2 = ◯
12. 16 − 3 = □

3	11
4	5
5	6
6	7
7	2
8	12
13	9
14	8
15	1
16	4
17	3
18	10

1 14 + 3 = ◯

2 6 − 3 = □

3 17 + 2 = ◯

4 8 − 3 = □

5 14 + 2 = ◯

6 9 − 2 = □

7 15 + 3 = ◯

8 7 − 3 = □

9 13 + 2 = ◯

10 9 − 1 = □

11 12 + 2 = ◯

12 7 − 1 = □

3	8
4	2
5	9
6	1
7	7
8	4
14	6
15	12
16	5
17	10
18	3
19	11

1 ◯ = 6 + 2

2 □ = 20 − 2

3 ◯ = 3 + 3

4 □ = 17 − 3

5 ◯ = 4 + 1

6 □ = 18 − 2

7 ◯ = 4 + 3

8 □ = 18 − 3

9 ◯ = 1 + 3

10 □ = 19 − 2

11 ◯ = 8 + 1

12 □ = 15 − 2

4	1
5	8
6	2
7	12
8	5
9	7
13	10
14	6
15	9
16	4
17	11
18	3

Addition ohne Zehnerüberschreitung

1	11 + 3 = ◯	5	8
2	12 + 6 = ◯	6	5
3	2 + 5 = ◯	7	4
4	11 + 5 = ◯	8	11
5	2 + 7 = ◯	9	10
6	3 + 3 = ◯	14	2
7	13 + 6 = ◯	15	6
8	11 + 4 = ◯	16	7
9	15 + 5 = ◯	17	9
10	3 + 2 = ◯	18	12
11	12 + 5 = ◯	19	1
12	2 + 6 = ◯	20	3

1	◯ = 2 + 4	5	2
2	◯ = 14 + 4	6	6
3	◯ = 5 + 5	7	4
4	◯ = 12 + 4	8	7
5	◯ = 3 + 4	9	12
6	◯ = 12 + 7	10	10
7	◯ = 11 + 6	15	3
8	◯ = 2 + 3	16	11
9	◯ = 16 + 4	17	5
10	◯ = 3 + 6	18	8
11	◯ = 12 + 3	19	1
12	◯ = 3 + 5	20	9

Subtraktion ohne Zehnerüberschreitung

Nr.			Aufgabe
1	☐	=	9 – 5
2	☐	=	17 – 4
3	☐	=	10 – 4
4	☐	=	18 – 2
5	☐	=	8 – 5
6	☐	=	18 – 6
7	☐	=	9 – 4
8	☐	=	20 – 6
9	☐	=	8 – 7
10	☐	=	19 – 4
11	☐	=	6 – 4
12	☐	=	17 – 6

Ergebnis	Feld
1	5
2	11
3	12
4	4
5	9
6	6
11	8
12	2
13	1
14	7
15	10
16	3

1	17 – 7	=	☐
2	18 – 3	=	☐
3	19 – 7	=	☐
4	7 – 5	=	☐
5	18 – 4	=	☐
6	10 – 5	=	☐
7	9 – 9	=	☐
8	10 – 6	=	☐
9	18 – 7	=	☐
10	9 – 8	=	☐
11	18 – 5	=	☐
12	9 – 6	=	☐

Ergebnis	Feld
0	5
1	6
2	11
3	10
4	9
5	4
10	12
11	8
12	7
13	2
14	1
15	3

Plus und minus

Nr.	Aufgabe		Ergebnis	Feld
1	10 + 5 =	○	1	4
2	8 – 6 =	□	2	6
3	11 + 7 =	○	3	5
4	8 – 3 =	□	4	11
5	12 + 5 =	○	5	9
6	8 – 4 =	□	6	12
7	13 + 7 =	○	15	10
8	10 – 4 =	□	16	2
9	12 + 7 =	○	17	7
10	8 – 7 =	□	18	1
11	12 + 4 =	○	19	8
12	7 – 4 =	□	20	3

Nr.		Aufgabe	Ergebnis	Feld
1	○	= 12 + 6	0	10
2	□	= 7 – 5	1	9
3	○	= 11 + 4	2	3
4	□	= 9 – 4	3	4
5	○	= 13 + 6	4	1
6	□	= 8 – 5	5	2
7	○	= 11 + 6	14	5
8	□	= 9 – 8	15	12
9	○	= 10 + 4	16	11
10	□	= 9 – 5	17	8
11	○	= 13 + 3	18	7
12	□	= 8 – 8	19	6

Übe noch einmal!

1	◯ = 2 + 4
2	☐ = 18 − 4
3	◯ = 1 + 3
4	☐ = 19 − 7
5	◯ = 12 + 4
6	☐ = 9 − 6
7	◯ = 2 + 3
8	☐ = 18 − 5
9	◯ = 2 + 5
10	☐ = 20 − 5
11	◯ = 0 + 2
12	☐ = 18 − 7

Ergebnis	Feld
2	3
3	6
4	10
5	2
6	1
7	9
11	12
12	8
13	5
14	11
15	7
16	4

1	5 + 2 = ◯
2	19 − 6 = ☐
3	3 + 3 = ◯
4	19 − 8 = ☐
5	3 + 1 = ◯
6	10 − 1 = ☐
7	12 + 2 = ◯
8	8 − 5 = ☐
9	11 + 1 = ◯
10	10 − 2 = ☐
11	6 + 4 = ◯
12	9 − 4 = ☐

Ergebnis	Feld
3	4
4	1
5	3
6	7
7	12
8	6
9	9
10	8
11	5
12	2
13	10
14	11

Die Mitte fehlt!

Nr.	Aufgabe		Zahl	Feld
1	10 = ◯ + 4		5	8
2	16 = ◯ + 3		6	6
3	17 = ◯ + 6		7	7
4	10 = ◯ + 1		8	12
5	9 = ◯ + 2		9	11
6	18 = ◯ + 4		10	5
7	15 = ◯ + 5		11	1
8	20 = ◯ + 4		12	9
9	9 = ◯ + 4		13	4
10	9 = ◯ + 1		14	3
11	19 = ◯ + 4		15	2
12	15 = ◯ + 3		16	10

Nr.	Aufgabe		Zahl	Feld
1	16 = ◯ + 6		4	9
2	19 = ◯ + 5		5	5
3	10 = ◯ + 2		6	1
4	19 = ◯ + 8		7	12
5	8 = ◯ + 3		8	11
6	20 = ◯ + 5		9	6
7	10 = ◯ + 6		10	4
8	19 = ◯ + 7		11	3
9	10 = ◯ + 3		12	2
10	17 = ◯ + 4		13	10
11	9 = ◯ + 0		14	8
12	9 = ◯ + 3		15	7

Wie heißt die Lösung?

	Aufgabe		
1	16 –	☐	= 4
2	18 –	☐	= 3
3	10 –	☐	= 1
4	9 –	☐	= 3
5	9 –	☐	= 1
6	10 –	☐	= 5
7	16 –	☐	= 5
8	8 –	☐	= 4
9	19 –	☐	= 9
10	17 –	☐	= 4
11	10 –	☐	= 3
12	16 –	☐	= 2

Zahl	Feld
4	5
5	12
6	4
7	1
8	2
9	8
10	7
11	10
12	3
13	9
14	6
15	11

	Aufgabe		
1	19 –	☐	= 4
2	9 –	☐	= 0
3	17 –	☐	= 6
4	9 –	☐	= 4
5	18 –	☐	= 5
6	10 –	☐	= 2
7	18 –	☐	= 4
8	10 –	☐	= 4
9	18 –	☐	= 8
10	20 –	☐	= 4
11	17 –	☐	= 5
12	9 –	☐	= 2

Zahl	Feld
5	2
6	4
7	3
8	9
9	10
10	5
11	12
12	11
13	6
14	8
15	7
16	1

Fülle die Leerstellen aus!

Nr.	Aufgabe		Lösung
1	1 + ◯ = 10	3	5
2	16 – ☐ = 3	4	11
3	2 + ◯ = 9	5	10
4	8 – ☐ = 5	6	7
5	4 + ◯ = 16	7	9
6	10 – ☐ = 2	8	1
7	6 + ◯ = 10	9	6
8	17 – ☐ = 7	10	8
9	3 + ◯ = 8	11	4
10	19 – ☐ = 5	12	3
11	4 + ◯ = 15	13	2
12	8 – ☐ = 2	14	12

Nr.	Aufgabe		Lösung
1	6 + ◯ = 17	5	4
2	10 – ☐ = 1	6	7
3	4 + ◯ = 9	7	11
4	9 – ☐ = 1	8	1
5	5 + ◯ = 17	9	6
6	20 – ☐ = 5	10	3
7	3 + ◯ = 9	11	2
8	17 – ☐ = 4	12	10
9	8 + ◯ = 18	13	12
10	18 – ☐ = 2	14	9
11	6 + ◯ = 20	15	5
12	10 – ☐ = 3	16	8

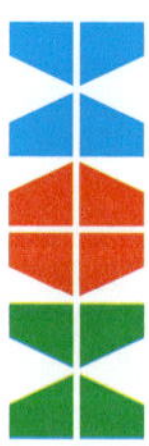

Wie lautet die fehlende Zahl?

1	17 = ○ + 3
2	16 − □ = 6
3	18 = ○ + 5
4	9 − □ = 2
5	15 = ○ + 4
6	19 − □ = 4
7	9 = ○ + 1
8	17 − □ = 5
9	10 = ○ + 4
10	8 − □ = 3
11	10 = ○ + 1
12	6 − □ = 2

Zahl	Feld
4	1
5	3
6	12
7	10
8	4
9	6
10	8
11	5
12	2
13	11
14	9
15	7

1	17 − □ = 4
2	16 = ○ + 5
3	9 − □ = 4
4	19 = ○ + 7
5	8 − □ = 4
6	14 = ○ + 4
7	9 − □ = 3
8	8 = ○ + 5
9	10 − □ = 2
10	8 = ○ + 6
11	10 − □ = 3
12	9 = ○ + 0

Zahl	Feld
2	6
3	10
4	1
5	7
6	11
7	8
8	2
9	9
10	3
11	4
12	5
13	12

Plusaufgaben mit Zehnerüberschreitung

Nr.	Aufgabe		Zahl	Feld
1	8 + 5 = ◯		9	2
2	9 + 8 = ◯		10	12
3	6 + 9 = ◯		11	3
4	2 + 7 = ◯		12	9
5	9 + 9 = ◯		13	7
6	6 + 4 = ◯		14	8
7	8 + 6 = ◯		15	10
8	10 + 9 = ◯		16	6
9	7 + 5 = ◯		17	5
10	14 + 6 = ◯		18	4
11	6 + 5 = ◯		19	11
12	8 + 8 = ◯		20	1

Nr.	Aufgabe		Zahl	Feld
1	◯ = 9 + 6		8	9
2	◯ = 11 + 8		9	11
3	◯ = 3 + 6		10	2
4	◯ = 9 + 7		11	5
5	◯ = 7 + 4		12	7
6	◯ = 10 + 8		13	10
7	◯ = 9 + 4		14	12
8	◯ = 3 + 7		15	3
9	◯ = 8 + 9		16	4
10	◯ = 2 + 6		17	6
11	◯ = 7 + 7		18	1
12	◯ = 4 + 8		19	8

Minusaufgaben mit Zehnerüberschreitung

1	☐	= 11 – 8
2	☐	= 12 – 5
3	☐	= 10 – 6
4	☐	= 18 – 7
5	☐	= 16 – 4
6	☐	= 12 – 6
7	☐	= 10 – 8
8	☐	= 12 – 7
9	☐	= 14 – 5
10	☐	= 8 – 7
11	☐	= 19 – 9
12	☐	= 12 – 4

1	5
2	6
3	11
4	9
5	1
6	8
7	7
8	2
9	10
10	4
11	12
12	3

1	11 – 7 =	☐
2	20 – 7 =	☐
3	13 – 6 =	☐
4	19 – 8 =	☐
5	11 – 6 =	☐
6	19 – 5 =	☐
7	15 – 6 =	☐
8	13 – 7 =	☐
9	13 – 5 =	☐
10	17 – 5 =	☐
11	12 – 9 =	☐
12	18 – 8 =	☐

3	5
4	1
5	12
6	10
7	6
8	11
9	2
10	9
11	8
12	7
13	4
14	3

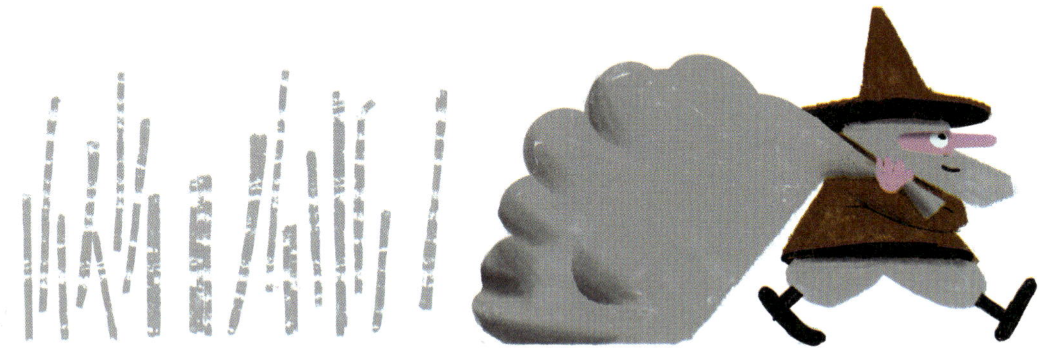

Kreuz und quer gefragt

1	◯ = 7 + 5		2	12
2	☐ = 11 − 8		3	5
3	◯ = 8 + 7		4	11
4	☐ = 12 − 5		5	6
5	◯ = 8 + 3		6	10
6	☐ = 11 − 9		7	3
7	◯ = 6 + 8		10	7
8	☐ = 13 − 9		11	8
9	◯ = 5 + 5		12	4
10	☐ = 13 − 7		13	1
11	◯ = 8 + 5		14	9
12	☐ = 11 − 6		15	2

1	6 + 9 = ◯		3	4
2	13 − 8 = ☐		4	10
3	6 + 7 = ◯		5	9
4	13 − 6 = ☐		6	12
5	8 + 9 = ◯		7	5
6	12 − 8 = ☐		8	3
7	7 + 7 = ◯		12	8
8	12 − 4 = ☐		13	1
9	9 + 7 = ◯		14	11
10	14 − 8 = ☐		15	6
11	8 + 4 = ◯		16	2
12	12 − 9 = ☐		17	7

Achte auf die Aufgabenstellung!

Nr.	Aufgabe		Zahl	Feld
1	6 + 5 =	○	4	4
2	13 – 7 =	□	5	2
3	8 + 6 =	○	6	1
4	11 – 3 =	□	7	8
5	8 + 8 =	○	8	9
6	12 – 7 =	□	9	7
7	8 + 5 =	○	11	10
8	14 – 5 =	□	12	11
9	8 + 7 =	○	13	3
10	12 – 8 =	□	14	6
11	3 + 9 =	○	15	5
12	12 – 5 =	□	16	12

Nr.		Aufgabe	Zahl	Feld
1	○	= 9 + 5	3	10
2	□	= 14 – 8	4	6
3	○	= 8 + 4	5	11
4	□	= 12 – 9	6	12
5	○	= 9 + 7	7	5
6	□	= 13 – 6	8	3
7	○	= 10 + 7	12	7
8	□	= 13 – 9	13	2
9	○	= 6 + 7	14	9
10	□	= 13 – 5	15	8
11	○	= 10 + 5	16	1
12	□	= 13 – 8	17	4

Ergänzungsaufgaben zur Addition

1. ◯ + 6 = 12
2. ◯ + 7 = 17
3. ◯ + 6 = 11
4. ◯ + 5 = 17
5. ◯ + 2 = 11
6. ◯ + 8 = 15
7. ◯ + 9 = 12
8. ◯ + 4 = 17
9. ◯ + 7 = 11
10. ◯ + 8 = 19
11. ◯ + 9 = 11
12. ◯ + 4 = 12

2	11
3	10
4	5
5	6
6	3
7	2
8	8
9	12
10	1
11	9
12	4
13	7

1. 8 + ◯ = 11
2. 7 + ◯ = 18
3. 9 + ◯ = 16
4. 8 + ◯ = 18
5. 6 + ◯ = 19
6. 7 + ◯ = 12
7. 6 + ◯ = 20
8. 3 + ◯ = 11
9. 6 + ◯ = 18
10. 8 + ◯ = 12
11. 3 + ◯ = 12
12. 7 + ◯ = 13

3	12
4	6
5	7
6	1
7	9
8	2
9	4
10	11
11	8
12	10
13	3
14	5

Suche die richtige Lösung!

1	19 = ◯ + 6
2	11 = ◯ + 3
3	11 = ◯ + 8
4	20 = ◯ + 9
5	18 = ◯ + 4
6	13 = ◯ + 6
7	17 = ◯ + 8
8	11 = ◯ + 6
9	19 = ◯ + 7
10	15 = ◯ + 5
11	13 = ◯ + 7
12	13 = ◯ + 9

3	10
4	6
5	5
6	3
7	12
8	11
9	2
10	1
11	8
12	9
13	7
14	4

1	12 = 8 + ◯
2	18 = 5 + ◯
3	12 = 4 + ◯
4	12 = 9 + ◯
5	19 = 8 + ◯
6	11 = 9 + ◯
7	18 = 6 + ◯
8	14 = 7 + ◯
9	16 = 7 + ◯
10	13 = 8 + ◯
11	16 = 6 + ◯
12	14 = 8 + ◯

2	3
3	5
4	6
5	12
6	9
7	10
8	1
9	2
10	8
11	7
12	11
13	4

Übe diese Minusaufgaben!

1	9 = 10 – □
2	13 = 18 – □
3	9 = 11 – □
4	2 = 12 – □
5	5 = 13 – □
6	9 = 12 – □
7	4 = 15 – □
8	6 = 18 – □
9	5 = 12 – □
10	9 = 13 – □
11	2 = 11 – □
12	6 = 12 – □

Zahl	Feld
1	7
2	4
3	12
4	1
5	5
6	6
7	3
8	10
9	9
10	2
11	8
12	11

1	7 = □ – 9
2	5 = □ – 6
3	5 = □ – 8
4	6 = □ – 3
5	10 = □ – 9
6	4 = □ – 4
7	9 = □ – 9
8	7 = □ – 5
9	9 = □ – 6
10	7 = □ – 3
11	6 = □ – 8
12	8 = □ – 9

Zahl	Feld
8	1
9	3
10	10
11	8
12	2
13	11
14	12
15	6
16	4
17	7
18	9
19	5

Auch hier sollst du aufpassen!

Nr.	Aufgabe		Zahl	Feld
1	12 – ☐ = 3		2	3
2	13 – ☐ = 7		3	6
3	12 – ☐ = 8		4	2
4	17 – ☐ = 4		5	11
5	18 – ☐ = 6		6	10
6	15 – ☐ = 8		7	9
7	12 – ☐ = 9		8	7
8	20 – ☐ = 9		9	5
9	14 – ☐ = 6		10	1
10	12 – ☐ = 7		11	4
11	15 – ☐ = 5		12	8
12	10 – ☐ = 8		13	12

Nr.	Aufgabe		Zahl	Feld
1	☐ – 6 = 8		9	2
2	☐ – 9 = 10		10	1
3	☐ – 5 = 7		11	11
4	☐ – 8 = 8		12	7
5	☐ – 5 = 5		13	6
6	☐ – 9 = 9		14	4
7	☐ – 7 = 13		15	10
8	☐ – 6 = 7		16	3
9	☐ – 4 = 5		17	8
10	☐ – 7 = 8		18	5
11	☐ – 9 = 8		19	12
12	☐ – 5 = 6		20	9

Setze die fehlenden Zahlen ein!

1 $9 + \bigcirc = 11$
2 $\bigcirc + 4 = 12$
3 $4 + \bigcirc = 15$
4 $\bigcirc + 9 = 14$
5 $4 + \bigcirc = 17$
6 $\bigcirc + 6 = 16$
7 $7 + \bigcirc = 11$
8 $\bigcirc + 7 = 14$
9 $5 + \bigcirc = 17$
10 $\bigcirc + 6 = 15$
11 $6 + \bigcirc = 12$
12 $\bigcirc + 8 = 11$

2	9
3	8
4	4
5	10
6	11
7	7
8	1
9	3
10	2
11	6
12	5
13	12

1 $17 = \bigcirc + 7$
2 $18 = 5 + \bigcirc$
3 $13 = \bigcirc + 8$
4 $18 = 6 + \bigcirc$
5 $16 = \bigcirc + 7$
6 $13 = 9 + \bigcirc$
7 $19 = \bigcirc + 5$
8 $16 = 9 + \bigcirc$
9 $12 = \bigcirc + 9$
10 $16 = 5 + \bigcirc$
11 $13 = \bigcirc + 7$
12 $14 = 6 + \bigcirc$

3	10
4	6
5	9
6	4
7	5
8	12
9	3
10	1
11	7
12	8
13	11
14	2

Noch einmal der gleiche Aufgabentyp!

1. 12 = ◯ + 4
2. 19 = 6 + ◯
3. 19 = ◯ + 9
4. 11 = 5 + ◯
5. 16 = ◯ + 4
6. 18 = 3 + ◯
7. 11 = ◯ + 6
8. 16 = 2 + ◯
9. 13 = ◯ + 4
10. 13 = 6 + ◯
11. 16 = ◯ + 5
12. 12 = 8 + ◯

4	10
5	11
6	5
7	6
8	12
9	2
10	7
11	8
12	1
13	3
14	9
15	4

1. 5 + ◯ = 14
2. ◯ + 8 = 15
3. 9 + ◯ = 13
4. ◯ + 5 = 16
5. 9 + ◯ = 10
6. ◯ + 7 = 12
7. 3 + ◯ = 11
8. ◯ + 8 = 10
9. 5 + ◯ = 17
10. ◯ + 6 = 16
11. 6 + ◯ = 12
12. ◯ + 8 = 11

1	11
2	3
3	4
4	5
5	10
6	12
7	9
8	7
9	2
10	8
11	1
12	6

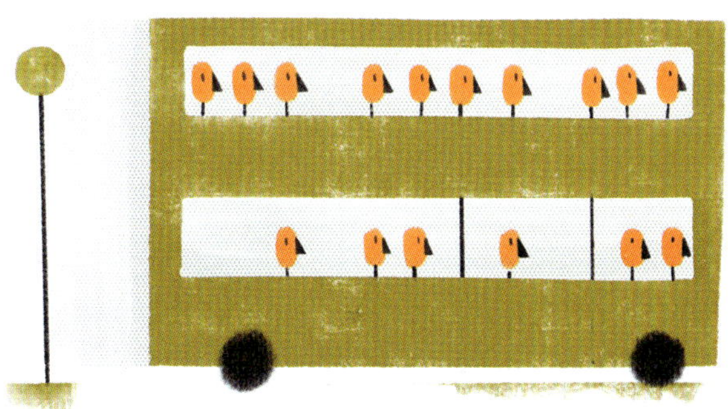

Trainiere die Subtraktion!

1	7 = □ – 9
2	8 = 12 – □
3	8 = □ – 6
4	7 = 14 – □
5	9 = □ – 8
6	6 = 11 – □
7	7 = □ – 6
8	9 = 11 – □
9	9 = □ – 6
10	8 = 14 – □
11	9 = □ – 9
12	8 = 11 – □

Ergebnis	Feld
2	5
3	6
4	11
5	12
6	10
7	3
13	9
14	8
15	7
16	4
17	2
18	1

1	13 – □ = 9
2	□ – 9 = 8
3	12 – □ = 7
4	□ – 4 = 16
5	10 – □ = 8
6	□ – 8 = 10
7	15 – □ = 9
8	□ – 8 = 8
9	10 – □ = 9
10	□ – 9 = 10
11	12 – □ = 9
12	□ – 7 = 8

Ergebnis	Feld
1	10
2	3
3	4
4	5
5	9
6	12
15	8
16	7
17	1
18	2
19	11
20	6

Schau dir die Aufgaben genau an!

Nr.	Aufgabe	Zahl	Code
1	14 – □ = 8	3	3
2	□ – 6 = 9	4	10
3	12 – □ = 7	5	4
4	□ – 8 = 5	6	7
5	10 – □ = 6	7	2
6	□ – 2 = 9	8	9
7	15 – □ = 8	11	12
8	□ – 9 = 7	12	1
9	11 – □ = 8	13	8
10	□ – 6 = 6	14	6
11	16 – □ = 8	15	11
12	□ – 7 = 7	16	5

Nr.	Aufgabe	Zahl	Code
1	4 = □ – 9	4	9
2	8 = 13 – □	5	3
3	9 = □ – 8	6	10
4	7 = 15 – □	7	4
5	6 = □ – 9	8	1
6	9 = 16 – □	9	2
7	5 = □ – 7	12	7
8	7 = 11 – □	13	8
9	6 = □ – 8	14	6
10	2 = 11 – □	15	5
11	8 = □ – 8	16	12
12	9 = 15 – □	17	11

Das ist jetzt nicht mehr schwer!

1	9 + 6 = ◯	4	2
2	4 + ◯ = 15	5	7
3	◯ + 6 = 13	6	5
4	9 + ◯ = 18	7	10
5	6 + 8 = ◯	8	11
6	5 + ◯ = 13	9	1
7	◯ + 9 = 14	10	12
8	3 + ◯ = 13	11	6
9	5 + 8 = ◯	12	3
10	6 + ◯ = 10	13	9
11	◯ + 8 = 20	14	4
12	8 + ◯ = 14	15	8

1	◯ = 11 + 6	7	12
2	17 = ◯ + 8	8	11
3	16 = 2 + ◯	9	4
4	14 = ◯ + 4	10	6
5	◯ = 7 + 8	11	7
6	17 = ◯ + 4	12	9
7	14 = 7 + ◯	13	3
8	20 = ◯ + 2	14	2
9	◯ = 9 + 7	15	8
10	14 = ◯ + 6	16	1
11	16 = 5 + ◯	17	5
12	19 = ◯ + 7	18	10

Lauter Plusaufgaben

Nr.	Aufgabe	Zahl	Feld
1	20 = 3 + ◯	6	5
2	15 = ◯ + 4	7	12
3	◯ = 6 + 9	8	10
4	16 = ◯ + 6	9	9
5	13 = 7 + ◯	10	7
6	17 = ◯ + 5	11	3
7	◯ = 6 + 8	12	4
8	13 = ◯ + 4	13	2
9	16 = 9 + ◯	14	1
10	17 = ◯ + 4	15	11
11	◯ = 12 + 4	16	6
12	11 = ◯ + 3	17	8

Nr.	Aufgabe	Zahl	Feld
1	◯ + 9 = 20	5	7
2	4 + ◯ = 12	6	2
3	6 + 6 = ◯	7	10
4	4 + ◯ = 20	8	1
5	◯ + 6 = 13	9	8
6	6 + ◯ = 15	10	3
7	7 + 8 = ◯	11	11
8	9 + ◯ = 14	12	4
9	◯ + 5 = 15	13	5
10	5 + ◯ = 18	14	9
11	7 + 7 = ◯	15	12
12	8 + ◯ = 14	16	6

Wir üben die Subtraktion

1	5 = 13 − ☐
2	7 = ☐ − 9
3	☐ = 15 − 8
4	14 = ☐ − 6
5	8 = 12 − ☐
6	9 = ☐ − 9
7	☐ = 14 − 8
8	11 = ☐ − 8
9	7 = 12 − ☐
10	9 = ☐ − 6
11	☐ = 11 − 8
12	8 = ☐ − 9

Ergebnis	Feld
3	3
4	4
5	9
6	2
7	10
8	1
15	7
16	11
17	12
18	6
19	5
20	8

1	☐ − 7 = 8
2	12 − ☐ = 9
3	20 − 4 = ☐
4	16 − ☐ = 9
5	☐ − 9 = 5
6	12 − ☐ = 8
7	19 − 2 = ☐
8	13 − ☐ = 7
9	☐ − 7 = 12
10	11 − ☐ = 9
11	20 − 2 = ☐
12	13 − ☐ = 8

Ergebnis	Feld
2	3
3	2
4	7
5	1
6	8
7	10
14	11
15	9
16	5
17	4
18	6
19	12

Schaffst du das ohne Fehler?

1	□ – 7 = 9
2	20 – □ = 2
3	12 – 5 = □
4	11 – □ = 7
5	□ – 6 = 9
6	20 – □ = 3
7	12 – 9 = □
8	11 – □ = 5
9	□ – 4 = 15
10	18 – □ = 4
11	12 – 7 = □
12	10 – □ = 8

Ergebnis	Feld
2	8
3	6
4	12
5	10
6	1
7	3
14	11
15	9
16	5
17	2
18	7
19	4

1	6 = 12 – □
2	8 = □ – 5
3	□ = 11 – 2
4	8 = □ – 7
5	9 = 13 – □
6	6 = □ – 8
7	□ = 13 – 5
8	7 = □ – 5
9	5 = 10 – □
10	8 = □ – 8
11	□ = 13 – 6
12	9 = □ – 8

Ergebnis	Feld
4	2
5	7
6	10
7	1
8	3
9	8
12	5
13	11
14	12
15	9
16	4
17	6

Plus und minus

1. ○ + 6 = 19
2. 9 = □ − 8
3. 4 + 8 = ○
4. 2 = □ − 6
5. ○ + 2 = 20
6. 7 = □ − 7
7. 8 + 8 = ○
8. 5 = □ − 4
9. ○ + 8 = 15
10. 5 = □ − 6
11. 6 + 4 = ○
12. 6 = □ − 9

7	12
8	7
9	4
10	6
11	8
12	5
13	2
14	9
15	3
16	1
17	10
18	11

1. 19 = 8 + ○
2. 20 − □ = 3
3. ○ = 7 + 8
4. 19 − □ = 6
5. 20 = 1 + ○
6. 15 − □ = 7
7. ○ = 7 + 9
8. 19 − □ = 5
9. 18 = 9 + ○
10. 16 − □ = 4
11. ○ = 3 + 7
12. 19 − □ = 1

8	12
9	7
10	1
11	9
12	3
13	10
14	11
15	2
16	4
17	5
18	6
19	8

Schwierig, schwierig!

1. 15 = 8 + ◯
2. 20 − ☐ = 9
3. ◯ = 6 + 8
4. 12 − ☐ = 3
5. 13 = 5 + ◯
6. 19 − ☐ = 4
7. ◯ = 6 + 7
8. 20 − ☐ = 3
9. 14 = 8 + ◯
10. 15 − ☐ = 5
11. ◯ = 9 + 7
12. 15 − ☐ = 3

6	4
7	12
8	9
9	11
10	6
11	8
12	1
13	5
14	3
15	7
16	10
17	2

1. ◯ + 6 = 16
2. 9 = ☐ − 5
3. 8 + 3 = ◯
4. 9 = ☐ − 9
5. ◯ + 8 = 20
6. 8 = ☐ − 8
7. 12 + 7 = ◯
8. 7 = ☐ − 6
9. ◯ + 5 = 14
10. 12 = ☐ − 8
11. 8 + 7 = ◯
12. 8 = ☐ − 9

9	1
10	11
11	8
12	2
13	10
14	4
15	7
16	3
17	9
18	6
19	12
20	5

Fast geschafft!

Nr.	Aufgabe		Lösung	Feld
1	21 = ◯ + 7		7	4
2	22 = ◯ + 11		8	3
3	21 = ◯ + 12		9	11
4	22 = ◯ + 6		10	7
5	21 = ◯ + 9		11	8
6	22 = ◯ + 4		12	5
7	21 = ◯ + 13		13	2
8	22 = ◯ + 9		14	10
9	21 = ◯ + 6		15	6
10	22 = ◯ + 15		16	9
11	21 = ◯ + 4		17	12
12	22 = ◯ + 12		18	1

Nr.	Aufgabe		Lösung	Feld
1	21 – ☐ = 8		8	10
2	22 – ☐ = 12		9	9
3	21 – ☐ = 2		10	6
4	22 – ☐ = 10		11	11
5	21 – ☐ = 5		12	4
6	22 – ☐ = 8		13	3
7	21 – ☐ = 13		14	5
8	22 – ☐ = 4		15	2
9	21 – ☐ = 6		16	7
10	22 – ☐ = 13		17	8
11	21 – ☐ = 4		18	12
12	22 – ☐ = 11		19	1